Armin Täubner

Ganz in Weiß

Weihnachtliche Fensterbilder

Frech-Verlag Stuttgart

Jesu Geburt (Titelbild)

Zuerst mit dem Cutter die Innenflächen von Laterne und Heiligenschein herausschneiden. Als nächstes werden die Trennlinien bei Josef (Hut, Kragen, Ärmel und Manteltasche), bei Maria (Haar, Ärmel) und beim Kind (Hals, Decke) nachgezogen und eventuell durch einen zweiten Schnitt etwas verbreitert. Nun können die Umrisse der Figuren nachgeschnitten und die restlichen Innenflächen entfernt werden. Anschließend die Flammen und die Sternmitte heraustrennen. Zum Schluß wird die äußere Kontur des Fensterbildes mit Schere und Cutter nachgeschnitten.

Gänsegeschnatter (Seite 1)

Bei den Martinsgänsen müssen die Trennlinien vor allem an den Flügeln und an den Füßen breiter geschnitten werden. Nach dem Ausschneiden der Gänse die Augen mit einer Lochzange ausstanzen.

Wohlverdientes Nickerchen
(Umschlag-Rückseite)

Die Trennlinien werden beim Weihnachtsmann etwas breiter geschnitten, damit die Details auch aus größerer Entfernung deutlich erkennbar sind. Mit einer Lochzange die beiden Nagelköpfe an der Banklehne ausstanzen.

Auflage: 5. 4. 3. 2. 1. | Letzte Zahlen
Jahr: 1996 95 94 93 92 | maßgebend

frech-verlag
GmbH + Co. Druck KG Stuttgart · Druck: Frech, Stuttgart 31

ISBN 3-7724-1589-X · Best.-Nr. 1589

Schnee und Rauhreif auf Dächern und Feldern lieferten das Vorbild für diese Fensterbilder ganz in Weiß. Die Arbeiten beweisen, daß Fensterbilder nicht immer bunt sein müssen.

Festlichen wie verspielten Motiven verleiht der weiße Tonkarton eine besondere Ausstrahlung. Plusterfarben und Transparentpapier setzen zusätzlich Akzente.

Mit der Einfarbigkeit geht eine neue Technik einher: Durch Trennlinien werden einzelne Gegenstände voneinander abgegrenzt. Mit etwas Fingerfertigkeit entsteht so ein stilvoller winterlicher Fensterschmuck.

Ausschneiden des Motivs

Nach dem Übertragen des Motivs auf Karton werden mit dem Cutter zuerst die sogenannten Trennlinien nachgeschnitten. Es handelt sich dabei um Linien, die beispielsweise Gesicht und Mütze (Mützenrand) oder Kopf und Pullover (Pulloverkragen) voneinander abgrenzen. Nun werden die kleinsten Innenflächen des Motivs (z. B. Sterne) herausgeschnitten. Es folgen die größeren Innenflächen. Der äußere Umriß wird erst zum Schluß nachgeschnitten.

Die Heiligen Drei Könige

Beim Übertragen des Motivs auf weißen Karton nicht vergessen, den Mittelpunkt (+) zu markieren. Als nächstes die beiden Kreise des Rahmens zeichnen. Die beiden Radien werden von der Schnittvorlage übernommen. Durch feine Schnitte mit dem Cutter Haare, Oberarme und Mantelsäume andeuten.
Beim Freilegen des Motivs mit dem Herausschneiden der kleinen Innenflächen beginnen.

Wir bauen einen Schneemann

Zuerst die Trennlinien beim Jungen und beim Mädchen schneiden. Anschließend Hutband und Besen herausarbeiten. Nun sind die Wolken dran. Dann die Innenflächen des Motivs herausschneiden. Zum Schluß das Schneemannauge mit einer Lochzange ausstanzen.

Bei Kerzenschein

Mit dem Einschneiden der Blattadern und der Trennlinien zwischen den Blättern beginnen. Weitere Linien am oberen und unteren Kerzenrand einschneiden. Anschließend den Docht herausnehmen. Nun können der Kerzenschein und das Innere des Herzes herausgearbeitet werden.

Schlittenfahrt

Zuerst die Umrisse des Ohrs und des Mützenrandes nachziehen. Nun werden die Trennlinien zwischen Elefant und Schlitten eingeschnitten. Drei kurze, wellenförmige Schnitte unter den Schlittenkufen ausführen. Zuerst den Schlitten ausschneiden. Anschließend Elefant und Schneefläche konturieren. Das Elefantenauge wird mit der Lochzange ausgestanzt.

Im Stall zu Bethlehem

Nach dem Übertragen des Motivs zuerst die kleinen Flächen mit dem Cutter herausschneiden. Auf der Rückseite die schmalen Kartonstege der Figuren, Heiligenscheine und der Laterne mit Klebstoff bestreichen. Weißes Transparentpapier ganzflächig auf das Fensterbild legen. Nach dem Trocknen des Klebstoffes wird das Transparentpapier mit dem Cutter rund um die Figuren abgeschnitten.

Waldnacht

Mit dem Cutter Hirsch und Sterne herausschneiden. Darauf achten, daß die Sternspitzen sehr sorgfältig gearbeitet werden. Das Motiv ganzflächig mit weißem Transparentpapier hinterkleben. Erst jetzt wird der Umriß der Tanne mit Cutter und Schere nachgeschnitten.

Engelsgaben

Beim Übertragen des Motivs den Mittelpunkt (+) nicht vergessen. Mit dem Zirkel die beiden Kreise für den runden Rahmen um diesen Mittelpunkt zeichnen. Zuerst die Trennlinien von Gesicht und Flügeln einschneiden. Ebenso müssen die Umrißlinien der unteren Hälfte der Engelkleider und die Bänder an den Päckchen eingeschnitten werden. Anschließend die Sterne herausnehmen und die Umrisse von Wolken und Engeln nachschneiden.

Zu zweit ist man nie allein

Bei der Schneefrau werden drei Trennlinien (Kopftuch, Schulter) eingeschnitten, während beim Schneemann nur die Schulter mit einem bogenförmigen Schnitt angedeutet wird. Die Augen mit der Lochzange ausstanzen. Mit dem Cutter das Motiv herausarbeiten. Abschließend kann noch weiße Plusterfarbe aufgetragen werden. Bei Hut und Kopftuch die Farbe in kleinen Kringeln aufmalen. Die Farbe wird mit dem schräg gehaltenen Fön aufgeplustert. Anschließend werden die Schneeflocken auf das Herz aufgetupft und ebenfalls gefönt.

Winterreise

Die Trennlinien werden etwas breiter geschnitten, damit sich der Weihnachtsmann und der Schlitten deutlich von der Tanne und von der Schneefläche abheben. Anschließend werden die Umrisse des Motivs mit dem Cutter freigelegt.

Kinderweihnacht

Mit feinen Schnitten die Säume von Jacke, Pullover und Mütze andeuten. Ebenso die Trennlinien zwischen den Hosenbeinen und den Stiefeln mit dem Cutter einschneiden. Nun können die Figuren freigelegt werden. Abschließend mit dem Cutter und der Schere die äußere Kontur nachschneiden.

Himmlische Freude

Zuerst die Trennlinien am Engel nachschneiden. Dann werden die Sterne, die mit dem Lineal auf Karton übertragen werden, herausgenommen. Anschließend die Umrißlinie des Fensterbildes mit Cutter und Schere nachschneiden.

Sternenhimmel

Dieses Fensterbild erfordert wegen der vielen kleinen Sterne Zeit und Geduld. Die Sterne müssen alle mit dem Lineal auf Karton übertragen und anschließend mit dem Cutter ausgeschnitten werden. Beim Weihnachtsmann empfiehlt es sich, die Trennlinien ziemlich breit zu schneiden.

Vogelfütterung

Beim Übertragen auf Karton nur den Mittelpunkt des Meisenrings (+) markieren, während die Konturen der Vögel vollständig nachgezogen werden. Nach dem Entfernen des Pauspapiers wird der Zirkel in den Mittelpunkt (+) eingestochen. Die Radien der Kreislinien mit dem Zirkel vom Vorlagenbogen abnehmen. Die Trennlinien an den Flügeln der Vögel etwas breiter schneiden. Mit einer Lochzange die Vogelaugen ausstanzen.

Sternsinger

Nach dem Einschneiden der Trennlinien werden die Säume von Mütze und Pullover durch viele kurze, parallele Einschnitte markiert. Als nächstes die kleinen Innenflächen zwischen den Armen und Beinen herausschneiden. Nun kann der Umriß nachgezogen werden.

Fest der Waldtiere

Abgesehen von der Umrißlinie ist das Motiv aus Trennlinien aufgebaut, die in unterschiedlicher Breite herausgearbeitet werden. Die Tieraugen mit der Lochzange ausstanzen.

Vierter Advent

Wenn die Linien der Kranzbänder eingeschnitten werden, muß man darauf achten, daß die Linien mindestens einmal, jedoch an unterschiedlichen Stellen, unterbrochen werden. Die Ränder der Bänder durch breitere Linien kennzeichnen und mit kurzen, quer verlaufenden Schnitten verzieren. Anschließend werden die Kerzen herausgearbeitet. Zum Schluß wird weiße Plusterfarbe zwischen den Bändern auf dem Kranz aufgetragen. Damit die Farbe aufquillt, muß sie schräg von der Seite auf höchster Heizstufe gefönt werden.

Verschneites Häuschen

Zuerst die Fensterscheiben herausnehmen. Es folgen die Fensterrahmen, bei denen sich die Schnittlinien nicht berühren dürfen. Nun können die Trennlinien (Holzbalkon, Zaun etc.) geschnitten werden. Abschließend wird noch weiße Plusterfarbe (Pluster-Pen) aufgetragen und möglichst heiß und schräg von der Seite gefönt.